Thinking Deeply《シンキング ディープリー》

ひとつのことを　ふか～く

考《かんが》えること

Q 1分《ぶん》間《かん》
考《かんが》えよう。

この本《ほん》では、
たまに、黒《くろ》いページがでてきて
キミに、しつもんするよ。
そのときは、1分間《ぷんかん》だけ
ページをめくらずに、
自分《じぶん》で考《かんが》えてみてほしい。

大人《おとな》って
どんな人《ひと》？

さあ、今日《きょう》も 考《かんが》える少年《しょうねん》、
Q《キュー》くんの へやを　そーっと　のぞいてみよう。

ここは、Q《キュー》くんのへや。
Q《キュー》くん、おさらにのせた　シュークリームをもって、
ルンルンと　おどっています。

「♪シュークリーム、イエイ、
シュークリーム、イエイ！
♪シュークリーム、イエイ、
シュークリーム、イエイ！
♪きょうの　おやつは
シュークリーム！」

Q《キュー》くんは、
シュークリームを
つくえの上《うえ》におくと
「さーて、ひとくちで
いっちゃおうかな！
いっただきまーす！」
と　かぶりつこうとして、
はっと　とまりました。

「……はあ～……こういうところかな……。
シュークリームくらいで　はしゃいじゃってさ。
ぼくは、こういうところが　子《こ》どもっぽいって
思《おも》われちゃうのかなあ……。」

ためいきをついたかと思《おも》ったら、とつぜん、

ドン！

Q《キュー》くんは　つくえを　たたきました。

「なんだよ　チクショウ！
あーあ！　どうせ　ぼくは

子《こ》どもですよ――!!」
そう　Ｑ《キュー》くんが　さけんだとき、たなの上《うえ》の
ぬいぐるみ、チッチが　とつぜん　いいました。

「はーい、ストープッ!」
チッチが　時間《じかん》をとめたのです。

「うわあ!」
そのとたん、Ｑ《キュー》くんは　かたまったように
うごかなくなってしまいました。

「Q《キュー》くん、大《だい》好《す》きな
シュークリームの
まえで、いったい
なにを　おこって
いるんだろうね？
なにか　なやんでる
みたいだよ。」

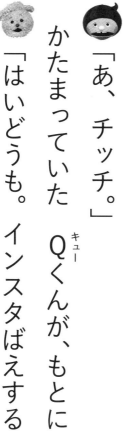

Q

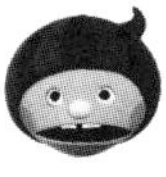
「あ、チッチ。」
かたまっていた　Q《キュー》くんが、もとに　もどりました。
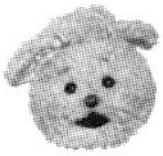
「はいどうも。インスタばえする　チッチです。」

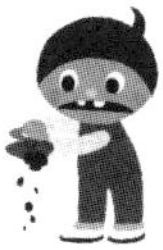

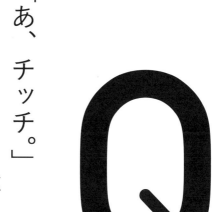

「チッチ、まーた　時間《じかん》をとめたね。」

「とめたとも！　Q《キュー》くんのようすが　へんなのに、
ほおっておけるかい。　なにがあったんだい？」

「じつは　きょう学校《がっこう》でさ、
ルルちゃんがさ……。」

「ルルちゃんが？」

Q《キュー》くんは、ルルちゃんが、友《とも》だちとおしゃべり
しているのを聞《き》いてしまいました。

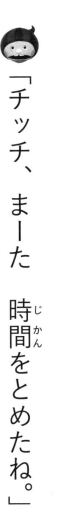

「ポッくんはぁ、
大人《おとな》っぽいところが
すてきよねえ！
それにくらべると
Q《キュー》くんは、
子《こ》どもっぽくて
ちょっとネー！
うふふふ！」

「ガーン。」

「それで　おちこんでたのか。」

「どうせ　ぼくは　子《こ》どもっぽいよ……。」

おちこむQ《キュー》くんですが、　すぐ　ひらきなおりました。

「だって　子《こ》どもだもん！　しかたないじゃん！

子《こ》どもが　子《こ》どもっぽいのは　あたりまえだよ！

ぼくは　大人《おとな》っぽくなんか　なりたくないね！」

「おっ、　おお……。」

「ポッくんなんてさ、　ただ　オジサンくさい

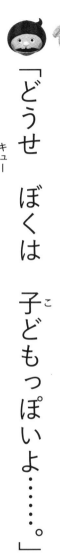

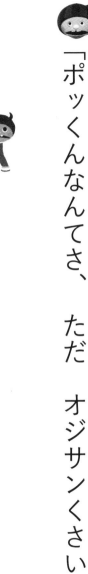

だけなんだよーだ！
へっへー！
はなくそ　ぺっぺっ！」

「そういうところが、
子《こ》どもっぽいな。」

「ガーン……。」
チッチに　言《い》われて、
また　おちこむQ《キュー》くんです。

「どうせ　この気《き》もちは、

チッチには　わからないよ。
大人《おとな》でも　子《こ》どもでもない
ただの　ぬいぐるみのチッチにはね。」
「ただの　ぬいぐるみとは　なんだよ！
チッチはね、子《こ》どもの心《こころ》も　大人《おとな》の心《こころ》も
りょうほう　もってるんだ！
みんなの心《こころ》の友《とも》だち……。」
チッチが　おこりだしたので、Q《キュー》くんはあわてて

おなかを　さすります。

「はいはいはい、
おなか　なでなでなで……。」

「はあ〜、気《き》もちいい〜。」

「よーし　よしよし。」

チッチも　おちつきました。

「で、Q《キュー》くんは、ほんとうは
大人《おとな》っぽくなりたいのかい？」

「そりゃあ　まあ、

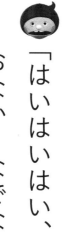

大人《おとな》っぽいほうが　カッコイイんじゃねーの？」

「ふうん、大人《おとな》っぽいって　どういうことなの？」

「それはだから、大人《おとな》みたいな人《ひと》のことだよ。」

「大人《おとな》みたいな人《ひと》って？」

「う～ん……大人《おとな》っていっても、
いろんな大人《おとな》が　いるからなあ。」

「はい　ドーン！」

「おっ、おお！」

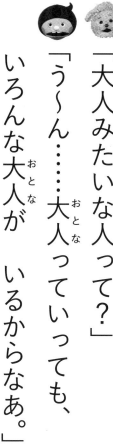

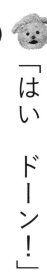

本日のぎもん
Today's Question

大人《おとな》って
どんな人《ひと》？

「ここで　本日《ほんじつ》のぎもん！
大人《おとな》ってどんな人《ひと》？」

「どんな人《ひと》？」

「そう、こういうときはね、
『どんな？』で
考《かんが》えてみると
いいんでないかい？」

「どんな？」

「Q《キュー》くんが、この人《ひと》、大人《おとな》だなーって

感《かん》じる人《ひと》って　どんな人《ひと》かな？」

「うーん……。
そりゃあ、としをかさねてれば
かさねてるほど、
大人《おとな》だなーって感《かん》じるよ。」

「なるほど。としをとってれば大人《おとな》。
そりゃそうだね。」

「そりゃそうさ。」

「じゃあ　しつもんだ。
つぎの人《ひと》たちは、どっちが　大人《おとな》っぽいか
こたえてみてちょ。」

「オッケー。」
チッチは、うたで　しつもんします。

Q

1分《ぷん》間《かん》

考《かんが》えよう。

大人《おとな》っぽい人《ひと》って

どんな人《ひと》？

どっちが大人《おとな》っぽい？のうた

♪家庭《かてい》をもってる
50さいのA《エー》さんと、
はたらきはじめたばかりの
20さいのB《ビー》さん。
どっちが　大人《おとな》っぽい？」

「もちろん　A《エー》さん！」

♪きんじょで　ちっとも
あいさつしないA《エー》さんと、
いつでも　にっこり
あいさつしてくるB《ビー》さん。
どっちが　大人《おとな》っぽい？」

「や、やっぱり　B《ビー》さん！」

♪いろんなことを
知《し》ってるA《エー》さんと、
ぜんぜん　物《もの》を
知《し》らないB《ビー》さん。
どっちが　大人《おとな》っぽい？」

「やっぱりやっぱり
A《エー》さん！」

♪ちっちゃなことに
もんくを言《い》うA《エー》さんと、
めったに　もんくを
言《い》わないB《ビー》さん。
どっちが　大人《おとな》っぽい？」

「やっぱりやっぱり
やっぱり～……。」

「けっきょく　A《エー》さんとB《ビー》さん、どっちが
大人《おとな》っぽいんだい？」

「わかんないよ……。」

Q《キュー》くん、どちらかを　えらべなくなって
しまいました。

「としを　とってるほうが
大人《おとな》なんじゃないの？」

「としは　かんけいないのかも　しれないなあ。」

「ポックんみたいな　大人《おとな》っぽい子《こ》どもも

いるくらいだしねえ。」

「ぎゃくに　大人《おとな》でも　子《こ》どもっぽい人《ひと》はいるね。
うちのお母《かあ》さんだって、お友《とも》だちに
そのふく　にあうねって　言《い》われただけで、
すっごく　きげんよくなっちゃうし。
お父《とう》さんは、好《す》きな野球《やきゅう》チームがまけただけで、
きげんわるくなっちゃうし。
子《こ》どもっぽいなーって思《おも》うよ。」

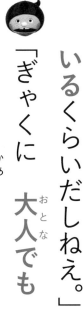

「なるほど。でも　としがかんけいないとなると、
いったい　なにをもって　『大人《おとな》っぽい』って
感《かん》じるんだろうね?」

「うーん……。」

なやむQ《キュー》くんに、チッチは　かさねて
しつもんします。

「さっきの　A《エー》さんとB《ビー》さん。
それぞれに感《かん》じた　大人《おとな》っぽいところって、
『どんな』ところだった?」

「んーと。
A《エー》さんは、世《よ》の中《なか》の　いろんなことを
知《し》ってるところ！
B《ビー》さんは、しっかりあいさつできて、
もんくも言《い》わないところ！」

「ものしりなこと、あいさつができること、
もんくを言《い》わないこと。
こういうのを　大人《おとな》っぽいと感《かん》じるわけだねえ。」

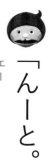

「そう考《かんが》えると、
大人《おとな》っぽいなーって
思《おも》える人《ひと》は、ほかにも
いろいろ　いそうだなあ。」

「うん、たとえば？」

「ケンカをしても　あいてを
ゆるしてあげられる人《ひと》とか。」

「うんうん。」

「じぶんのおかしを　人《ひと》に

わけてあげられる人《ひと》とか。」

「そうだねえ。」
「エレベーターの
ボタンをおして、
『どうぞ』って　ゆずって
あげる人《ひと》とか。」

「おっとなー！」
「あとねえ、んーと　んーと……。」

「どんどん　出《で》てくるねえ。」

思《おも》いついたら、とまらなくなってきたQ《キュー》くんです。

「えばらない人《ひと》でしょ、

あと～　約束《やくそく》をやぶらない人《ひと》でしょ、

えっと　あとは～なんだろな、

うんと～　うんと～、　あ！　怒《おこ》らない人《ひと》……」

「ねえ、みんな。

みんなは、大人《おとな》っぽいなーって感《かん》じる人《ひと》って

どんな人《ひと》？」

Q

1分《ぷん》間《かん》
考《かんが》えよう。

ほかにも 大人《おとな》っぽいなと
思《おも》うことを あげてみよう！

かぞくでこたえよう

大人《おとな》っぽい人《ひと》って、どんな人《ひと》？

大《おお》きい人《ひと》です！

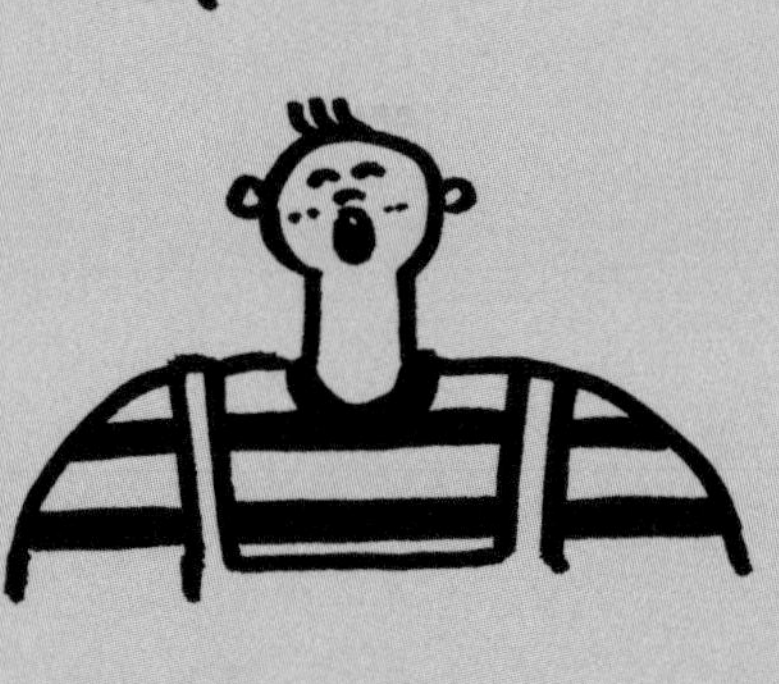

おとうと

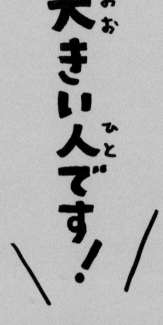

「体《からだ》の大《おお》きさか。
たしかに　大《おお》きいほうが　大人《おとな》に見《み》えるな」

かぞくでこたえよう

大人《おとな》っぽい人《ひと》って、どんな人《ひと》?

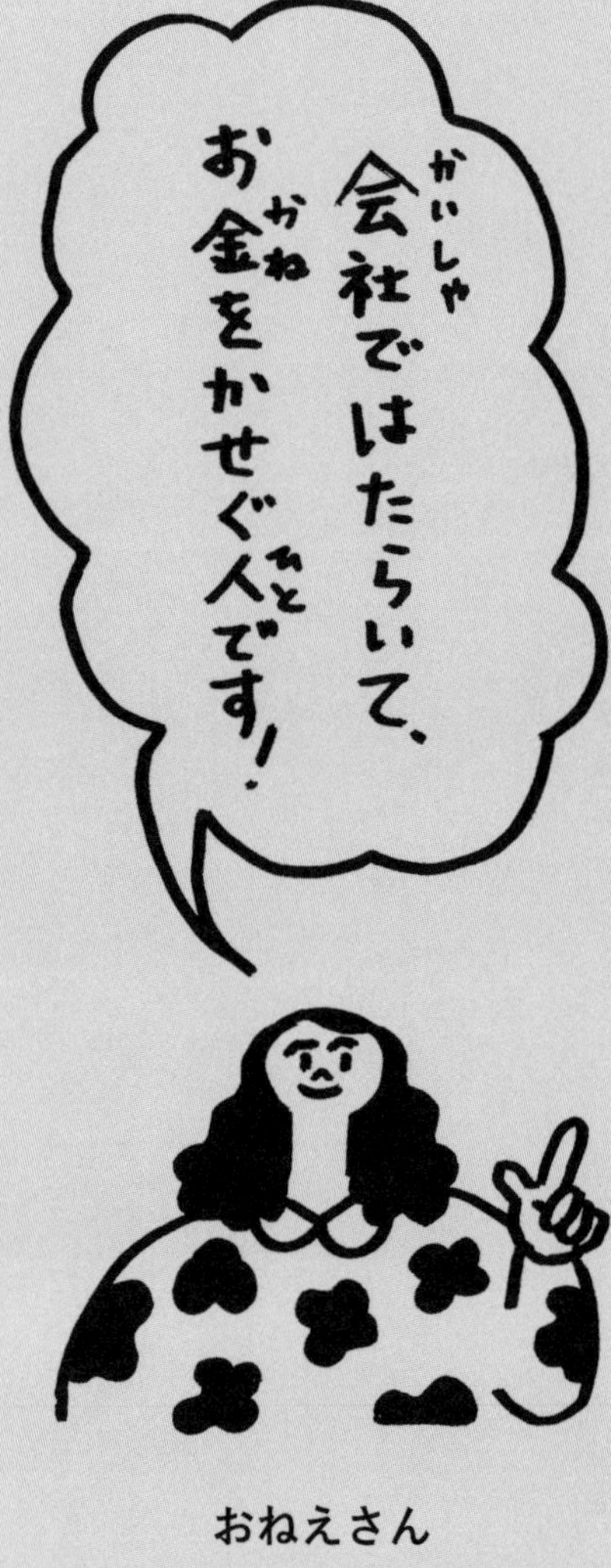
会社《かいしゃ》ではたらいて、お金《かね》をかせぐ人《ひと》です!

おねえさん

「しごとをする人《ひと》か。
子《こ》どもは　しごとしないもんなぁ！」

かぞくでこたえよう

大人《おとな》っぽい人《ひと》って、どんな人《ひと》？

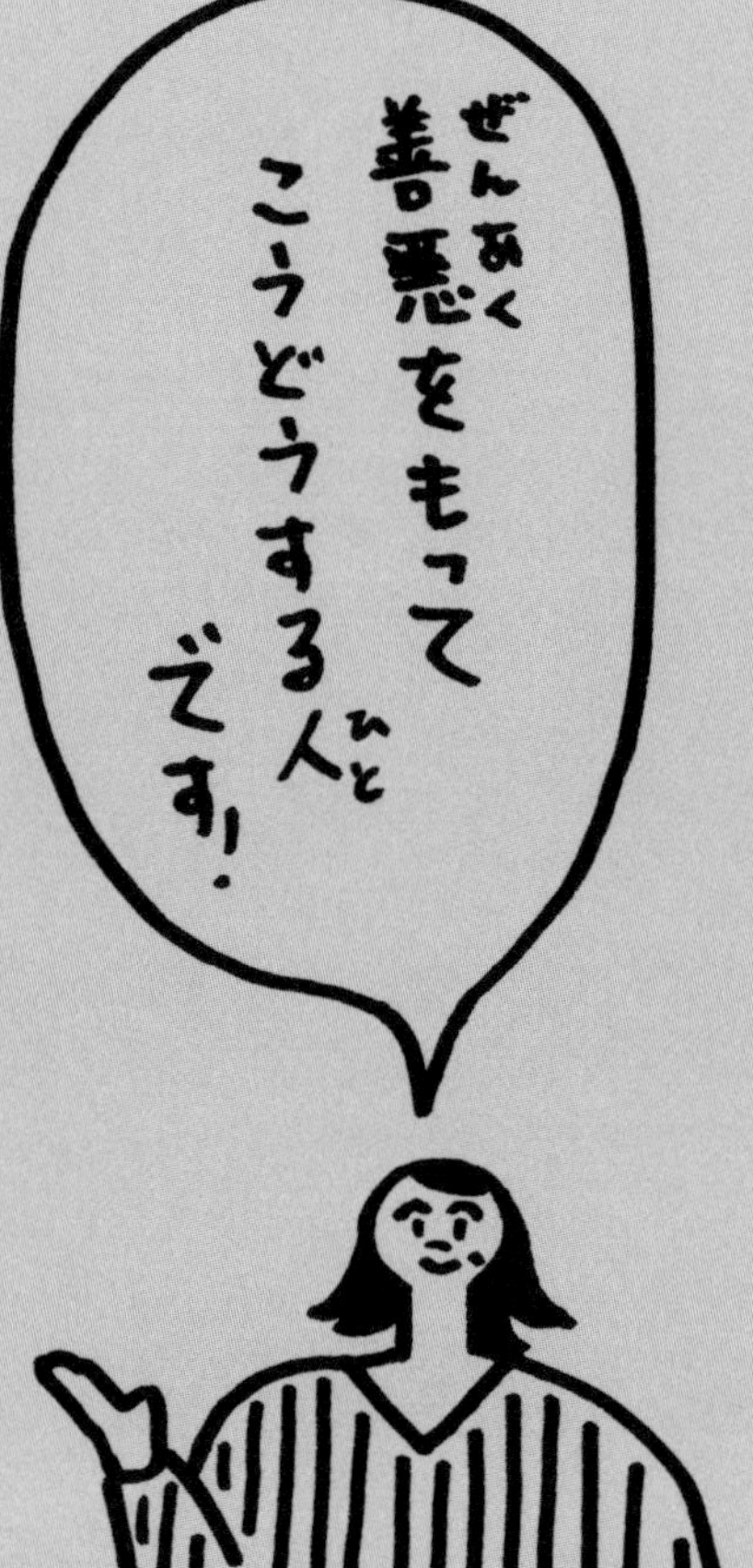

お母さん

「ちなみに、ごじぶんを　大人《おとな》だといいますか？」
「そうですねえ。ま、むつかしいですけどね。
がんばってます」

かぞくでこたえよう

大人《おとな》っぽい人《ひと》って、どんな人《ひと》？

ルールをまもって
せきにんを
とる人《ひと》。

お父さん

「ごじぶんは　大人《おとな》ですか？」
「子《こ》どものときもありますが、できるかぎり
がんばろうと思《おも》ってます」

Qのうた

キュキュキュ

みんなのこたえ、

キュキュキュ

それぞれちがう

キュキュキュ

きみなら

なんてこたえるの？

キュー！

Q

1分《ぷん》間《かん》
考《かんが》えよう。

で、けっきょく
大人《おとな》って どんな人《ひと》？

「大人《おとな》でも、　まだ　じぶんは大人《おとな》だって
思《おも》ってないんだなあ。」

みんなの　いろいろなこたえを
見《み》てきたQ《キュー》くん。
みんなのこたえは　それぞれ
ちがっていたけれど、
じぶんの　思《おも》うこたえを　考《かんが》えました。

「さあ、　Q《キュー》くんの　けつろんを
聞《き》かせてもらえるかな。

大人《おとな》って　どんな人《ひと》？」

「ぼくの　いまのところの　こたえ！」

「みんなが　大人《おとな》っぽいって
思《おも》うのは、
みんなの　心《こころ》の中《なか》にある、
こういう大人《おとな》に
なりたいなーっていう
りそうのすがたの
ことなんじゃないかな。」

「おお、なるほど。
ちなみに　Q《キュー》くんの

ぼくのこたえ
My Answer

大人《おとな》は
心《こころ》の中《なか》にある
理想《りそう》のすがた

りそうの大人《おとな》って　どういう人《ひと》?」

「心《こころ》がひろくて、やさしくて、くよくよしない、
そういう大人《おとな》だね。」

「お～。」

「あ、チッチ。
さっきは　ただのぬいぐるみだなんて、
ひどいこと言《い》って　すまなかったね。
これからも　なかよくやろうね。」

そういって、Q《キュー》くんは、
チッチに
あたまを　さげました。

「いやあ　Q《キュー》くん、
とっても
大人《おとな》っぽいよ。」
チッチに　そう言《い》われて、

「そうかい？　ふふふ。」
とっても　うれしそうな

Q《キュー》くんです、が……。

「そんな　大人《おとな》っぽい

Q《キュー》くんに

おしらせがあります。

さっき　チッチが

とびだしてきたとき、

うっかり　Q《キュー》くんの

シュークリームを

ふみつぶしちゃいました。
ごめんなさい。」

「あー！　なにやってんだよ　チッチ！
ぺっちゃんこじゃないか！
ぼくのシュークリーム　かえせよ！
ぼくのシュークリーム！
ぼくのシュークリーム！」

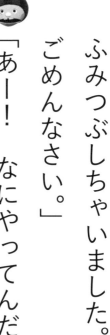

「ぜんっぜん、
大人《おとな》じゃないなー！」

（おしまい）

今日《きょう》のQ《キュー》ワード『どんな？』で考《かんが》えてみる。

QWO

どん

解説《かいせつ》「どんな?」で考《かんが》えてみる

こんかいのＱ《キュー》ワード「どんな?」をつかってしつもんするよ。

「きみのお母《かあ》さんは、どんな人《ひと》?」

そう聞《き》かれたら、きみはあたまの中《なか》でなにを考《かんが》えるかな? たぶん、お母《かあ》さんの体形《たいけい》とか顔《かお》、よく言《い》う口《くち》ぐせとか笑《わら》い声《ごえ》、いつもやっている家事《かじ》のようすなんていうのを思《おも》い出《だ》すかもしれないね。

ほんじゃ、「東京《とうきょう》って、どんなところ？」とか「フルーツタルトって、どんな味《あじ》？」とか聞《き》かれたら、なにを考《かんが》えるかな？　おそらく、東京《とうきょう》のけしきや思《おも》い出《で》、あるいは、タルトの味《あじ》や食《た》べたときの歯《は》ごたえなんていうのを思《おも》い出《だ》すかもしれないね。

どう？　こんな感《かん》じで「どんな？」で考《かんが》えると、自《じ》分《ぶん》のあたまや体《からだ》に　しみついている記《き》憶《おく》や感情《かんじょう》が、いろいろ思《おも》いうかんでくるよね。

つまり「どんな？」は、もともと自分《じぶん》がなんとなく感《かん》じていたり、思《おも》っていることが、いろいろわかってくるQ《キュー》ワードなんだ。

じゃ、しつもん！　きみにとって「気《き》のあう人《ひと》って、どんな人《ひと》？」「おちつく場所《ばしょ》って、どんなところ？」

さぁ、これまでのけいけんを思《おも》い出《だ》してみて！　がんばって考《かんが》えていくと、きっと「あ！　自分《じぶん》はこんな人《ひと》が好《す》きなのか！」とか、「こんな場所《ばしょ》ですごしたいんだな」って、わかってくるぞ！

ぜひ　ためしてみてくれ！　んじゃな〜！

Q エンディングテーマ

こたえは　みんな

ちがうんだよ

だから　じっくり

さがそう

こたえは　かわったって

いいんだよ

だから　ゆっくり

そだてよう

Q《キュー》QQQQQQ

ねぇ、きかせてよ

Q《キュー》QQQQQQ

きみの　こころのこえを

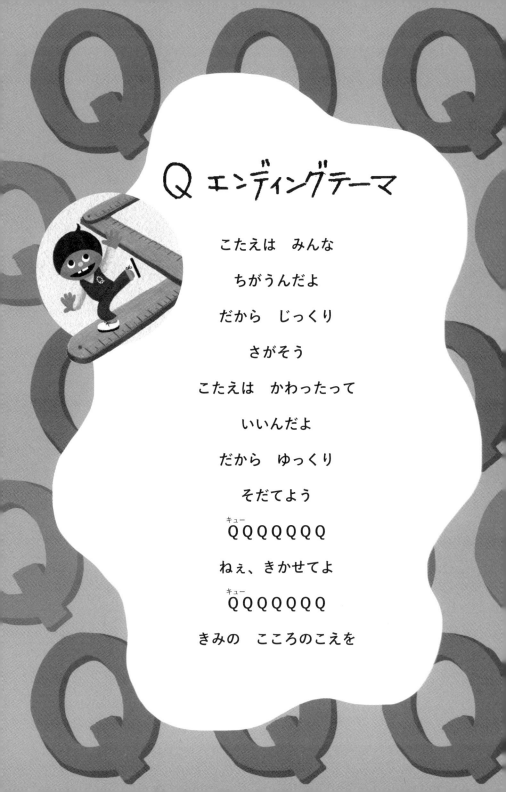

Qワ〜ド
おぼえうた
みんなで うたおう!
ほかの 考《かんが》えは?
いろんな 考《かんが》えをだしてみる
ななな なんで?
りゆうを さぐってみる

ははは♪
♪反対《はんたい》は？
あえて逆《ぎゃく》で考《かんが》える♪
もも♪
「もし〜だったら？」
かせつを♪たててみる♪
そもそも、犬《いぬ》なのか？
そもそも、犬《いぬ》ってなんだ？
そそそ♪
「そもそも？」
ぜんていからうたがってみる♪

立《たち》場《ば》をかえたら？♪
だれかの♪
きもちに
なってみる♪
たたた♪
たとえば？♪
ぐたいてきに
あげてみる♪
くくく♪
くらべると？♪
ちがいは
どこか
さぐってみる♪

♪なんで？
ほかの考《かんが》えは？
反対《はんたい》は？
もし〜だったら？
そもそも？
立場《たちば》をかえたら？
たとえば？
くらべると？
QQQQQQワード
♪きみのこたえを ほりあててみよう♪
おわり

番組ホームページは、
http://www.nhk.or.jp/sougou/q/
本文中の歌も視聴できるよ！

Q PHILOSOPHY FOR CHILDREN

NHK E テレ「Q ～こどものための哲学」
大人って どんな人？

2020 年 2 月 20 日　第一刷発行

NHK E テレ「Q ～こどものための哲学」制作班 編
原作 古沢良太
美術デザイン tupera tupera
アニメーション原画 稲葉卓也
ブックデザイン 清水貴栄（DRAWING AND MANUAL）
イラスト 鈴木友唯（DRAWING AND MANUAL）
哲学監修 河野哲也、土屋陽介
プロデューサー 佐藤正和

発行者 中村宏平
発行所 株式会社ほるぷ出版
〒 101-0051　東京都千代田区神田神保町 3-2-6
電話 03-6261-6691
ファックス 03-6261-6692
https://www.holp-pub.co.jp

編集協力 横山雅代

印刷 株式会社光陽メディア
製本 株式会社ブックアート

ISBN:978-4-593-58844-2
NDC.100
ページ数 64P
サイズ 210 × 148㎜